Jochen Adler

Microblogging im virtuellen Projektteam

Untersuchung der Eignung von Microblogging zur internen Projektkommunikation als effektive Alternative zu E-Mail

GRIN Verlag

Bibliografische Information der Deutschen Nationalbibliothek:

Die Deutsche Bibliothek verzeichnet diese Publikation in der Deutschen National-
bibliografie; detaillierte bibliografische Daten sind im Internet über http://dnb.d-
nb.de/ abrufbar.

Impressum:

Copyright © 2011 GRIN Verlag GmbH
Druck und Bindung: Books on Demand GmbH, Norderstedt Germany
ISBN: 978-3-640-90241-5

Dieses Buch bei GRIN:

http://www.grin.com/de/e-book/171032/microblogging-im-virtuellen-projektteam

GRIN - Your knowledge has value

Der GRIN Verlag publiziert seit 1998 wissenschaftliche Arbeiten von Studenten, Hochschullehrern und anderen Akademikern als eBook und gedrucktes Buch. Die Verlagswebsite www.grin.com ist die ideale Plattform zur Veröffentlichung von Hausarbeiten, Abschlussarbeiten, wissenschaftlichen Aufsätzen, Dissertationen und Fachbüchern.

Besuchen Sie uns im Internet:

http://www.grin.com/

http://www.facebook.com/grincom

http://www.twitter.com/grin_com

Studienarbeit:

Untersuchung der Eignung von Microblogging zur internen Projektkommunikation als effektive Alternative zu E-Mail

Jochen Adler

Frankfurt/Main, im März 2011

Inhaltsverzeichnis

1 Einleitung

Die vorliegende Arbeit entstand als „Projektbericht" im Rahmen meines nebenberufli-
chen Fernstudiums zum Bachelor of Science in Wirtschaftsinformatik an der AKAD
Hochschule Stuttgart. Aufgabe war, sich einer „anspruchsvollen Schwerpunktaufgabe
mit einem starken praktischen Anwendungsbezug aus dem Problembereich des Stu-
diengangs" widmen und diese nach wissenschaftlichen Gesichtspunkten bearbeiten[1].

Das Dokument will die Eignung von Microblogs als Kommunikationsform in Projekten
untersuchen. Im Rahmen der vorgegebenen Aufgabenstellung bleibt die Betrachtung
dabei auf den Stand der Forschung und Literatur beschränkt; eigene Forschung, zum
Beispiel eine empirische Studie, wurde nicht angestellt. Sowohl die Kommunikation in
Projekten als auch das Microblog als neuartige Kommunikationsform werden zunächst
theoretisch eingeordnet. Es schließen sich Überlegungen an, die die besondere Eignung von Microblogs für die Projektkommunikation untersuchen sollen. Auf Unterschiede zur dominierenden E-Mail-Kommunikation wird eingegangen um herauszustel-
len, ob es sich beim Microblog um eine effektive Alternative zu E-Mail-Systemen
handeln könnte. Weiterführende Überlegungen und eigene Denkansätze sollen die Arbeit abrunden.

2 Projekte und die Projektkommunikation

Dieses Kapitel bildet das theoretischen Fundament zur Notwendigkeit von Projekten,
den Besonderheiten virtueller Projektteams und den Ansprüchen an Projektkommunikation. Ein weiterführender Abschnitt widmet sich gesondert dem Thema Wissensmanagement, weil dieses im Kontext einer Projektorganisation besondere Bedeutung ge-
winnt und ein mögliches Einsatzgebiet für Microblogging im Unternehmen darstellt.

2.1 Projekte und ihre Bedeutung

Auch ohne auf seine charakteristischen Eigenschaften näher einzugehen (Zielsystem,
Zeithorizont, begrenzte Ressourcen, etc.), lässt sich ein Projekt definieren als „ein

---

[1] zitiert aus dem allgemeinen Teil der „ Studien- und Prüfungsordnung für Bachelor- und Master- Studi-
engänge der AKAD Hochschule Stuttgart", Stand vom 01.02.2011

Vorhaben, das im Wesentlichen durch eine Einmaligkeit der Bedingungen in ihrer Gesamtheit definiert ist"[2]. Diese Betonung der Einmaligkeit der Bedingungen bedeutet jedoch nicht, dass es keine Gemeinsamkeiten zwischen Projekten gäbe, im Gegenteil: Wie wir sehen werden, begünstigt gerade das professionelle Management von Projekten den Wettbewerbserfolg.

So führt eine andere Quelle aus, dass sich im gerade zurückliegenden ersten Jahrzehnt des 21. Jahrhunderts strategisches Management und strategische Führung einem dramatischen Wandel ausgesetzt waren. Als Treiber dieses Wandels gelten[3]:

1. die Globalisierung
2. der neuartige Wettbewerb durch unternehmensübergreifende Kollaboration (Partnerschaften, Netzwerke) und
3. neue Kommunikationstechnologien

Im intensivierten Wettbewerb ergibt sich also für das einzelne Unternehmen die Notwendigkeit, Veränderungen zügig umzusetzen, um anschließend gegenüber langsamer reagierenden Konkurrenten Wettbewerbsvorteile auszuspielen.

Dieselbe Quelle führt aus, dass sich die Qualität der Unternehmenssteuerung und Unternehmensplanung auf ihren verschiedenen Ebenen erheblich unterscheidet: für die „Übersetzung" strategischer Pläne in effektive operative Planungen empfiehlt sich demnach besonders das professionelle Projektmanagement, da es ganz allgemein die Durchführung komplexer Aufgaben erleichtert[4].

Es ist insofern nicht überraschend, dass die besondere Fähigkeit einer Organisation, komplexe Projekte erfolgreich durchzuführen, längst nicht mehr nur als eine von vielen Fachdisziplinen des Managements angesehen wird. Die Bedeutung des Projektmanagements steigt, und sie bleibt nicht länger auf Unternehmen beschränkt, die sich auf Forschung, Entwicklung und Innovation spezialisieren. Vielmehr wird das Projektmanagement inzwischen gängigerweise als Werkzeug zur Umsetzung einer Unternehmensstrategie verstanden – unabhängig davon, wie diese Strategie aussieht oder welche Position das jeweilige Unternehmen im Wettbewerb innehat. In Einzelfällen kann die Fähigkeit zum effektiven Projektmanagement sogar die Unternehmensstrategie

---

[2] nach DIN 69901, zitiert aus [Litk05], S. 8ff
[3] vgl. [Hahn06], Vorwort zur 6. Auflage, S. IX
[4] vgl. [Hahn06], S. 437

begründen, dann nämlich, wenn kurze Laufzeiten bei hoher Lieferqualität und Termin-
treue das Unternehmen im Wettbewerb von seinen Mitbewerbern differenzieren[5].

Strategische Vorgaben werden in operative, messbare Ziele übersetzt, also kommuniziert und auf Projekte übertragen. Das einzelne Projekt wird zum Hilfsmittel der Nut-
zenrealisierung. Sein Erfolgsbeitrag ist direkt messbar in Form einer Ertragssteigerung
oder Kostenreduktion[6].

Einschlägige Untersuchungen der Unternehmenspraxis bestätigen diese Sicht. So zeigt
sich z.B. anhand der IT-Strategie, wie erfolgreiche Unternehmen die Steigerung ihrer
Fähigkeiten zur Projektdurchführung und Produkteinführung direkt an ihre Geschäfts-
strategie knüpfen[7].

Man kann also so weit gehen, das Projektmanagement als die „einzige Antwort auf die
hochdynamischen Umfelder" des 21. Jahrhunderts zu bezeichnen, „in denen gleichsam
die Ausnahme zur Regel zu werden droht" und „das einzig Beständige der Wandel ist".
Veränderte Wettbewerbsbedingungen erfordern eine „Unternehmenssteuerung in
Echtzeit"[8].

2.2 Internationale Projekte und virtuelle Projektteams

Wie dargelegt, wird die Globalisierung als einer der drei wesentlichen externen Treiber
für Unternehmensstrategien angesehen, und ein globalisierter Wettbewerb bietet natürlich auch für die Projektarbeit Besonderheiten. So kommt es in jüngerer Zeit häufig
zu international zusammengesetzten oder virtuellen Projektteams[9]. Bei internationaler
Projektarbeit ergeben sich – nicht nur durch „Reibungsverluste" unterschiedlicher Kul-
turen, sondern auch aus praktischen Gründen – höherer Koordinationsaufwand und
steigende Transaktionskosten[10].

---

[5] in Form einer „unique selling proposition"; vgl. [Lang07], S. 36ff
[6] vgl. [Lang07], S. 370ff
[7] vgl. [Weil04]; Fallstudien zu JP Morgan Chase („implement technical and project
     management standards", S. 151) und Panalpina („standardized project procedures",
     S. 166)
[8] zitiert aus [Scho05], S.25ff
[9] siehe z.B. „Flexible Working Survey 2007", Johnson Controls;
     http://www.johnsoncontrols.co.uk/publish/gb/en/products/building_efficiency/gws/
     gwi/projects_workplace_innovation/workplace_innovation/
     flexible_working_mobility_workplace_innovation.html
[10] vgl. [Bern03], S. 476

Um diesen Verlusten entgegenzuwirken, werden virtuelle Projektteams formiert. Eine gängige Definition charakterisiert eine solche Konstellation durch[11]

1. räumliche Trennung
2. zeitliche Unterschiede (Tag-/Nachtarbeit, verschiedene Zeitzonen)
3. eventuell zudem auch die Mischung Angehöriger verschiedener Organisationen.

Jeder dieser Faktoren für sich genommen stellt eine Barriere für die Teamkommunikation dar (räumlich, zeitlich, organisatorisch), und die Kombination aller drei Faktoren macht das besondere Vertrauen aller Beteiligten zu einer Grundvoraussetzung für den Projekterfolg[12]. Entscheidend begünstigt bzw. überhaupt erst ermöglicht wird die virtuelle Zusammenarbeit in Projekten durch die Verfügbarkeit und Beherrschung moderner Informations- und Kommunikationstechnologie[13]. Hier deutet sich bereits an, welchen herausragenden Stellenwert effektive Kommunikation und sinnvoll angewendete Technologie für Projekte und virtuelle Projektteams einnehmen.

2.3 Kommunikation in Projekten und in Projektteams

Bedeutung und Intensität der Projektarbeit steigen. Um auch bei zunehmenden Projektgrößen akzeptable Durchführungszeiten zu erreichen, müssen steigende Anzahlen von Projektteilnehmern hinzugezogen werden[14]. Aus der Volkswirtschaftslehre ist das Gesetz des abnehmenden Grenzertrags bekannt: mit zunehmender Projektgröße, manifestiert in der Zahl der Teilnehmer bzw. Mitarbeiter, steigen Koordinations- und Kommunikationsaufwand[15]. Dieser Umstand ist Indiz dafür, dass es professioneller Kommunikation bedarf, um große bzw. verteilte Projekte zum Erfolg zu führen.

Kommunikation findet im Projektteam einerseits intern statt. Es handelt sich oft um regelmäßige Kommunikation, z.B. die Sammlung von Fragen oder Themen der Teilnehmer, verbunden mit einer Priorisierung in der Gruppe. Aufgabenteilungen werden besprochen (idealerweise in der Form „wer tut was bis wann mit wem"). Handlungsbedarf zu offen gebliebenen Themen kann ermittelt werden wo nötig. Andererseits kommuniziert das Projektteam aber auch stetig mit dem externen Umfeld, den

---

[11] aus [Bern03], S. 480
[12] vgl. [Lang07], S. 214ff
[13] vgl. [Bern03], S. 480
[14] vgl. [PMI04], S. 123ff; Knowledge Area 6, „Project Time Management"
[15] vgl. [Fer08], S. 488

„Stakeholdern"; eine Auseinandersetzung mit der Neugier, also ggf. dem Wohlwollen, aber auch mit Hypothesen und Gerüchten[16].

Eine regelmäßige Aufgabe der Projektkommunikation sind Projektberichte, die täglich, wöchentlich, monatlich oder quartalsweise anfallen (Plan-/Ist-Vergleiche zu Terminen, zu Aufwand und Kosten oder zur Auslastung von Sach- und Personalmitteln). Derartige Berichte erfolgen oft in standardisierter Form und auf standardisierten Wegen. Es kann sich aber auch um Berichte zum Sachfortschritt handeln (Vorkommnisse im Projekt, Ergebnisse, Probleme, Aussagen zur Personalsituation), die meist in loser Form erfolgen und unterschiedliche Medien nutzen (E-Mails, Telefonate, Gespräche)[17].

Kommt es zu unerwarteten Abweichungen von Ergebnissen im Vergleich zum Planvorgehen, spricht man von „Eskalation" und insofern auch vom „Eskalationsmanagement". Hier entsteht besonderer Kommunikationsbedarf im Projektteam, zwischen Projektteam und Projektleitung, oder zwischen dem Projekt und seinen „Stakeholdern" (z.B. einem Auftraggeber). Um Eskalationen möglichst zu vermeiden oder zumindest in ihren schadhaften Auswirkungen einzudämmen, wird eine Früherkennung anhand „schwacher Signale im Rahmen des Projekts" empfohlen[18]. Funktionierende Projektkommunikation sollte den Empfang solcher Signale entscheidend begünstigen.

Eine weiteres Anwendungsgebiet der Projektkommunikation ist das Projekt-Marketing. Es dient dazu, „Projekte in ihrem Umfeld besser bekannt zu machen sowie die Akzeptanz ihrer Prozesse und Ergebnisse zu erhöhen". Das Projektteam kommuniziert auf diese Weise mit seinen Zielgruppen und den „Stakeholdern" auf allen Ebenen[19].

Schließlich lässt sich für den Bereich der Software-Entwicklung (ein nennenswertes Spezialgebiet der Projektarbeit) sagen, dass sich durch die zunehmende Verbreitung agiler Methoden ebenfalls eine stärkere Betonung der Kommunikation und Zusammenarbeit herausstellt. Im Gegensatz zu Prozessen und Werkzeugen gewinnen Individuen und ihre Interaktionen an Raum[20]. Statt der Verfolgung eines Plans werden die

---

[16] vgl. v.a. [Kess04], S. 154; außerdem geschieht gemäß [PMI04] die interne koordinative Kommunikation im Prozess „10.2 Information Distribution", die Auseinandersetzung mit Stakeholdern im Prozess „10.4 Manage Stakeholders"
[17] vgl. v.a. [Burg97], S. 398ff; die regelmäßige Berichtskommunikation geschieht gemäß [PMI04] im Prozess „10.3 Performance Reporting"
[18] vgl. [Bern03], S. 415ff
[19] zitiert aus und vgl. [Bern03], S. 125ff
[20] „individuals and interactions over processes and tools", [Agil01]

Fähigkeiten zur Reaktion auf Veränderungen betont[21]. Diese Schwerpunkte lassen höheren Kommunikationsbedarf erwarten als bei herkömmlichen Entwicklungsmethoden.

Für alle genannten Kommunikationsformen ist zu beobachten, dass sie zunehmend durch elektronische Kanäle und Instrumente unterstützt werden[22]. Neue Medien erleichtern den Austausch über sachliche, fachliche, methodische und inhaltliche Aspekte der Projektarbeit. Sie ermöglichen zeitnahe Klärungen und Abstimmungen im Projektteam und darüber hinaus[23].

2.4 Wissensmanagement

Mit der zunehmenden Bedeutung von Projekten und Projektorganisationsformen in modernen Unternehmungen geht ein spezifisches Problem einher: die Lösungen, aber auch das Know-How – Wissen, das in Projekten erarbeitet wird – müssen erschlossen und konserviert werden, so dass sie erhalten bleiben, auch wenn Projekt und Team sich längst aufgelöst haben. Die Notwendigkeit zum bewussten „Wissensmanagement" steckt insofern bereits in der Definition des Begriffs Projekt. Denn: „einerseits sind Projekte zwar einmalige Vorhaben, andererseits wird es immer wieder einzelne Bedingungen geben, die verschiedene Projekte gemeinsam haben. Ohne diese Eigenschaft der gemeinsamen (gleichen) Bedingungen wäre ein ,Erfahrungslernen' anhand abgeschlossener Projekte nicht möglich"[24].

Die erwähnten Wettbewerbstrends, die auf Unternehmen wirken, stellen also auch Anforderungen an organisatorisches Wissensmanagement: Bei einer Umfrage erwarteten 88% der befragten Unternehmen eine Zunahme der Bedeutung der Ressource Wissen in den kommenden drei Jahren. Dass Wissen ein besonderes Management benötigt, zeigt sich auch daran, wie es sich von materiellen Produktionsfaktoren unterscheidet: es kann veralten, es kann prinzipiell unbeschränkt simultan benutzt werden, und es dehnt sich aus, anstatt sich abzunutzen, wenn es angewandt wird. All dies führt zu einem besonderen Augenmerk auf den Umgang mit der Ressource Wissen und schafft eine besondere Herausforderung für virtuelle Teams: „Dort wo eine räum-

---

[21] „responding to change over following a plan", [Agil01]
[22] z.B. Groupware, Intranet, Videokonferenz, Telefonkonferenz
[23] vgl. [Kess04], S. 52
[24] zitiert aus [Litk05], S. 8ff

liche Nähe nicht gewährleistet werden kann, müssen andere Plattformen geschaffen werden, die den Austausch des Wissens gewährleisten können"[25].

Um Wissensressourcen systematisch zu Bestandteilen einer organisatorischen Wissensbasis zu entwickeln, wird grob in zwei Phasen unterteilt:

1. die Entwicklung von Wissen[26]
2. die Nutzung von Wissen[27]

Als wesentlicher Baustein der ersten Stufe gilt ausdrücklich die Verbesserung der Konversation und der Kommunikationsqualität in Projekten sowie die „Bereitschaft der Mitarbeiter, ihr Wissen weiterzugeben und Wissensbeiträge anderer anzunehmen, durch geeignete Software zu unterstützen"[28].

Breit angelegte Studien zeigen, dass die erfolgreicheren Unternehmen diejenigen sind, die ihren Mitarbeitern breiten, abteilungsübergreifenden Zugang zu allen verfügbaren Wissensquellen gestatten[29]. Obwohl es sich beim Zusammenbringen von Experten oder bei der hierarchie- und abteilungsübergreifenden Aufgabenintegration für sich genommen nicht um revolutionäre Ideen handelt, entfalten diese Konzepte gerade beim Umgang mit Wissen enorme Potenziale. Durch die Vernetzung der Experten und die Verknüpfung der Ziele greift die Organisation verstärkt auf die bestehende Wissensbasis zurück. Durch die stetige Anwendung dieses Wissens erhöht sich auch die Wahrscheinlichkeit, dass neuartige Problemlösungsqualitäten entstehen[30].

2.5 Zusammenfassung

Die vorangegangenen Abschnitte haben versucht, den Stand der Forschung zu Projektorganisationen knapp zu umreißen. Dabei wurde besonderes Augenmerk auf die Situation virtueller Projektteams gelegt, und die besonderen Aspekte des Wissensmanagements in Projekten wurden beleuchtet. Diese Herausforderungen sollen aufgegriffen werden, wenn wir später untersuchen, ob Microblogging eine adäquate Ergänzung des Kommunikationswerkzeugs für Projektteams bietet. Zunächst jedoch bietet das folgende Kapitel eine Einordnung und Einführung zum Thema „Microblogging".

---

[25] zitiert aus [Bern03], S. 453ff
[26] „knowledge development" bzw. „value creation"
[27] „knowledge leverage" bzw. „value extraction"
[28] zitiert aus [Lang07], S. 180ff
[29] vgl. [Klug01], S. 121ff
[30] vgl. [Klug01], S. 71ff

3   Microblogging Grundlagen

Bei Microblogging handelt es sich um eine relativ neue Erscheinung. Im März 2006 begann der soziale Netzwerkdienst Facebook, seinen Nutzern kurze „Status-Updates" zu ermöglichen; im Juli desselben Jahres wurde der Microblogging-Dienst „Twitter" gestartet[31]. Gerade weil Wachstum und Verbreitung von Twitter eine eindrucksvolle Erfolgsgeschichte sind[32], macht diese Schnelllebigkeit eine wissenschaftliche Betrachtung eher schwierig. Insbesondere im deutschen Sprachraum ist die Anzahl der Literaturquellen sehr überschaubar.

Es herrscht jedoch Einigkeit darüber, Microblogging als „social" Technologie („social software", „social medium") und somit als „Web 2.0" Phänomen einzuordnen. Deshalb bietet es sich an, der Betrachtung zunächst eine Klärung dieser Begriffe voranzustellen. Erst dann wird auf die spezifischen Eigenschaften des Microblogging näher eingegangen. Da die vorliegende Arbeit speziell die betriebliche Anwendung von Microblogging untersuchen soll, schließt die begriffliche Grundlagenarbeit auch „Enterprise 2.0" und einige verwandte bzw. zugrundeliegende Forschungsgebiete ein.

3.1   Das „Web 2.0"

Der Begriff „Web 2.0" ist sehr gebräuchlich, aber umstritten. Er geht nicht auf eine wissenschaftliche Definition, sondern auf eine Sammlung praktischer Beispiele im Rahmen eines Brainstorming zurück[33]. Die Teilnehmer einer Konferenz wurden gebeten, neuartige und besonders erfolgreiche Internet-Angebote seit dem Platzen der „Dotcom-Blase" im Jahr 2001 aufzulisten; die Nennungen waren vielfältig und verschieden. Dennoch zeichneten sich auch Gemeinsamkeiten ab. Einerseits gaben die neuartigen Angebote den Stimmen ihrer Benutzer Ausdruck und forderten diese zum Mitmachen und zur Mitgestaltung auf. Andererseits traten sie gegenüber traditioneller Web-Software auch dadurch hervor, dass sie ein Zusammenspiel von Anwendungen und Daten aus verschiedenen Quellen und Anwendungsgebieten[34] nicht verhinderten, sondern spielerisch herausforderten und erleichterten[35]. Eine weitere typische Charak-

---

[31]   http://www.twitter.com; vgl. [Naon08] sowie [Koch09] S. 35
[32]   siehe [Java07]
[33]   siehe [ORei05]
[34]   für ein solches Zusammenspiel von einstmals isolierten Informationen in einer einheitlichen, neuen Oberfläche hat sich der Begriff „mashup" etabliert
[35]   vgl. [Buhs09], S. 66

teristik einer „Web 2.0" Anwendung ist die Konzentration auf die durch sie erbrachte Dienstleistung anstatt auf eine spezielle Benutzerschnittstelle: Häufig werden offene Programmierschnittstellen (APIs[36]) angeboten, so dass „Web 2.0" Dienste typischerweise auf einer breiten Vielfalt von Geräten[37] und Betriebssystemen genutzt werden können[38].

Als Folge der rein praxisorientierten Definition wird der Begriff „Web 2.0" bei weitem nicht einheitlich gebraucht und verstanden[39]. Er kann zudem als irreführend kritisiert werden, denn es handelt sich gerade nicht um eine technologische Neuausgabe maßgeblicher technischer Grundlagen des WWW[40], auch wenn angesichts der begrifflichen Analogie zu einer Software-Versionsnummer („2.0") dieser Eindruck entsteht. Technologische Neuerungen spielen für die vom Begriff umschriebene neue Generation von Web-Diensten nur insoweit eine Rolle, als sie die bestehende Infrastruktur des WWW punktuell ergänzen, um zum Beispiel die Integration von Daten aus verschiedenen Quellen zu erleichtern[41].

3.2 „Social Software"

Ein leistungsfähigerer, klarerer Begriff scheint „Social Software" zu sein[42]. „Social-Software-Anwendungen unterstützen als Teil eines soziotechnischen Systems menschliche Kommunikation, Interaktion und Zusammenarbeit. Dabei nutzen die Akteure die Potenziale und Beiträge eines Netzwerks von Teilnehmern"[43]. Die Idee einer Web-Plattform als *soziotechnisches* System ist hier entscheidend, denn die aktive Einbeziehung und Nutzung von *Beiträgen der Teilnehmer* charakterisiert Social Software.

Ein Beispiel, wie eine Anwendung dieses Prinzips die Geschichte des Internets maßgeblich verändert hat, ist der „PageRank" Algorithmus der Firma Google[44]: Die Bewer-

---

[36] API = „Application Programming Interface"
[37] z.B. auf PCs oder internetfähigen Mobiltelefonen (Smartphones)
[38] vgl. [Koch09], S. 3
[39] siehe auch [Back09], S. 3
[40] wie beispielsweise TCP/IP, DNS oder HTTP; WWW = „World Wide Web"
[41] Hier können Technologien wir Web Services, Ajax, RSS (Real Simple Syndication) und XSLT (eXtensible Stylesheet Language Transformation) hervorgehoben werden.
[42] Aus dem Englischen entlehnt, da eine Übersetzung in „soziale Software" fehlgeht; die Konnotation von „sozial" im Deutschen (fürsorglich, gemeinnützig) entspricht nicht der von „social" im Englischen (beziehungsorientiert, gesellig). Auch dort gibt es allerdings Kritik am Begriff, da dieser implizieren könnte, dass auf entsprechenden Software-Plattformen nur „Freizeit"-Aktivitäten vonstatten gehen (siehe [McAf09], S. 16f).
[43] zitiert aus [Back09], S. 1
[44] siehe [Page04]

tung der Priorität eines Suchtreffers für den Nutzer wird mit PageRank nicht mehr von Attributen der gefundenen Seite selbst, sondern von *Qualität und Anzahl der Hinweise fremder Dokumente* auf die fragliche Seite bestimmt[45]. Auf dieser Idee basierend, gelang es Google, bessere und nützlichere Treffer zu liefern als alle anderen damaligen Suchmaschinen[46].

Inzwischen geht das Prinzip von Social Software viel weiter, und es lassen sich in der Praxis zahlreiche Plattformen beobachten, sowohl im Internet als auch im Unternehmenseinsatz, die sich auf die Partizipation ihrer Teilnehmer stützen. Das wohl populärste Beispiel im WWW ist Wikipedia, aber auch innerhalb von Unternehmen finden sich zahlreiche Ansätze, z.B. über Wikis das Wissen zahlreicher Nutzer zu bestimmten Themen zusammenzutragen[47].

3.3 Microblogs und Microblogging

Beim Microblog handelt es sich um eine Plattform, die es ihren Nutzern ermöglicht, kurze und im Regelfall öffentliche Nachrichten an alle anderen Nutzer zu versenden, die auch nur entfernt daran interessiert sein könnten. Nachrichten können von nahezu beliebigen Endgeräten und von beliebigen Orten versendet, empfangen und gelesen werden; von einem Computer, aber auch von herkömmlichen Mobiltelefonen[48] oder internetfähigen Smartphones. Jeder Teilnehmer „folgt" auf der Plattform den Nachrichten ausgewählter anderer Nutzer und stellt sich seinen persönlichen Nachrichtenstrom zusammen[49], den die Plattform ihm chronologisch präsentiert[50]. Teilnehmer haben die Möglichkeit, auf Nachrichten anderer Nutzer zu reagieren, so dass Konversationen und ganze „Threads" entstehen können. Auch diese Dialoge spielen sich öffentlich ab, so lange keine gesonderten Privatsphäre-Einstellungen vorgenommen wurden[51].

Die Aktivität bei der Nutzung eines Microblogs, insbesondere die Veröffentlichung eigener Nachrichten, bezeichnet man als „Microblogging".

---

[45] hierzu dienen die für Hypertext üblichen Verlinkungen
[46] vgl. [McAf09], S. 63ff
[47] vgl. [Koch09], S. 37ff
[48] aus diesem Grund begrenzt Twitter seine Nachrichten auf 140 Zeichen und ermöglicht damit die Verbreitung auch über nicht internetfähige Mobiltelefone in Form von SMS
[49] engl.: „following"; entspricht sinngemäß dem „Abonnieren" von Nachrichten
[50] aufgrund der chronologischen Gliederung spricht man von einer „timeline"
[51] vgl. [McAf09], S. 50, [Back09], S. 282, [Koch09], S. 35 sowie [Buhs09], S. 122

In seiner ursprünglichen Form stellte Twitter seinen Nutzern die Frage „was machst Du gerade?" („what are you doing?") und bat um Beantwortung in Form einer Kurznachricht. Diese Fragestellung zeigt bereits, dass es in einem Microblog „nicht nur um die reine direkte Kommunikation geht, sondern vor allem um Awareness", also die Vergegenwärtigung dessen, „was andere im eigenen Netzwerk gerade machen"[52]. Dieser Aspekt könnte ein Microblog als Kommunikationsmittel für Projektteams möglicherweise interessant machen.

Anders als der Name suggeriert, besteht beim Microblog eher eine Verwandtschaft mit Instant Messaging[53] als mit Blogs[54]. Dadurch, dass der Zeitaufwand für die Veröffentlichung einer Kurzmitteilung im Microblog erheblich geringer ist als für einen Beitrag in einem Blog, aktualisieren Microblog-Nutzer ihren Status üblicherweise mehrmals am Tag, wohingegen Blogger normalerweise nur alle paar Tage einen neuen Beitrag verfassen[55]. Die Möglichkeit zur mobilen Microblog-Nutzung per SMS oder Smartphone begünstigt diesen Unterschied zusätzlich.

Die rasende Verbreitung von Twitter kann dadurch erklärt werden, dass die Plattform es den Benutzern ermöglicht, etwas zu tun, das sie zuvor nicht tun konnten, dabei aber vertraute Zugangsgeräte und Tools (wie beispielsweise die SMS) zu benutzen. Das Microblog bietet große Vorteile, verlangt aber gleichzeitig nur minimale Eingewöhnung bzw. Verhaltensänderung vom Nutzer. Dieser kann neuartige, für ihn wertvolle Aktivitäten ausführen, aber auf vertraute Art[56].

Am Beispiel von Twitter sieht man außerdem bereits Ansätze, wie ein Microblog die Selbstorganisation einer Gruppe und die effektive Nachrichtenverbreitung unterstützen kann. So haben sich teilweise spontan Konventionen herausgebildet wie zum Beispiel die Verwendung von „Hashtags" (z.B. „#Thema"), anhand derer sich Inhalte verschlagworten, hervorheben und herausfiltern lassen. Dadurch, dass Nutzer zunächst nur den für sie relevanten Teilnehmern des Netzwerks aktiv folgen, dann aber wiederum deren Beiträge in ihrem eigenen Nachrichtenstrom weitergeben können (als

---

52 zitiert aus [Koch09], S. 36
53 auch „Chat", siehe z.B. http://de.wikipedia.org/wiki/Instant_Messaging
54 vgl. [Koch09], S. 36
55 vgl. [Java07]
56 vgl. [McAf09], S. 178

„retweet"), lassen sich relevante, wichtige Neuigkeiten einfach, schnell und relativ interessen- und zielgenau verbreiten[57].

Nach dem Erfolg von Twitter haben inzwischen auch die nennenswerten professionellen Netzwerke die Möglichkeit geschaffen, Kontakte durch „Status-Updates" auf dem Laufenden zu halten[58]. Anders als andere Social Software Technologien[59] wird Microblogging in der Literatur bisher jedoch kaum mit einer unternehmensinternen Nutzung in Verbindung gebracht. Hier betritt die vorliegende Arbeit offenbar relatives Neuland.

3.4   Unternehmenseinsatz („Enterprise 2.0")

Nun lässt sich die Brücke schlagen vom „Web 2.0" zum „Enterprise 2.0". Die vorige Definition von Social Software war hilfreich, denn nun geht es darum, „die Konzepte des Web 2.0 und von Social Software nachzuvollziehen und zu versuchen, diese auf die Zusammenarbeit in den Unternehmen zu übertragen"[60]. Ausgangspunkt dieser Anstrengung ist „die Beobachtung, dass bestehende Unternehmensinfrastrukturen den Anforderungen an Wissensarbeit häufig nicht mehr gerecht werden. [...] Das implizite Wissen von Wissensarbeitern, ihre Erfahrungen und Ideen zugänglich zu machen, wird als zentrale Managementaufgabe verstanden"[61].

Auch hier zeigt sich die Charakteristik von Social Software als soziotechnisches System: der Erfolg beim Unternehmenseinsatz ist hauptsächlich von menschlichen Faktoren abhängig und nicht von technischen[62]. In Unternehmen zeigt sich die einhergehende Offenheit der Plattformen als echte Management-Herausforderung, zum Beispiel bei der Personalbeschaffung. Junge Berufseinsteiger, mit Internet-Technologien aufgewachsen, gelten heute als gut ausgebildete „high potentials". Unternehmen sind auch im Wettbewerb um Fachkräfte neuem Anpassungsdruck ausgesetzt[63].

---

[57] siehe z.B. „Wie zu Twittern sei", http://webciety.de/2011/02/28/wie-zu-twittern-sei/
[58] „Statusmeldung" (auf Xing), „update" (auf LinkedIn), vgl. [Koch09], S. 36
[59] insb. Wikis und Blogs
[60] zitiert aus [Koch09], S. 16
[61] zitiert aus [Back09], S. 23
[62] vgl. Einleitung von Andrew McAfee in [Buhs08], S. 1
[63] vgl. [Buhs09], S. 128 sowie [McAf09], S. 176

3.5   Starke („strong ties") und schwache Bindungen („weak ties")

In der Literatur zu Social Software und Enterprise 2.0 finden sich immer wieder Verweise auf die wissenschaftliche Arbeit von Mark Granovetter zu „starken und schwachen Bindungen" (im Originaltitel: „The Strength of Weak Ties"). Die Arbeit, ursprünglich von 1973, legt dar, dass in einem menschlichen Netzwerk die flüchtigen Bekanntschaften (schwache Bindungen, „weak ties") wahrscheinlich weniger Verbindungen untereinander unterhalten als die engsten Freunde oder Arbeitskollegen (starke Bindungen, „strong ties"). In anderen Worten: das Netzwerk unserer engsten Freunde ist häufig von hoher Redundanz, es besteht eine hohe Wahrscheinlichkeit, dass zwei meiner engsten Freunde wiederum auch untereinander befreundet sind, so dass sich eine Dreiecks-Konstellation ergibt. Bei eher flüchtigen Bekanntschaften ist dies unwahrscheinlicher[64].

Was bedeutet das für Social Software und Enterprise 2.0? Die Pflege sozialer Kontakte auf Basis einer Software-Plattform ermöglicht es, auch Beziehung zu flüchtigen oder räumlich entfernten Bekannten („weak ties") am Leben zu halten. Hierfür ist weniger Aufwand nötig, als dies mit herkömmlichen Kommunikationsmitteln der Fall wäre. Solche Bekanntschaften erschließen Problemlösungskompetenz: Gerade bei flüchtigen Verbindungen besteht eine höhere Wahrscheinlichkeit, dass diese in gänzlich anderen Kreisen verkehren – und damit auch Zugang zu anderem, ggf. neuartigem Wissen haben – als die engsten Arbeitskollegen oder Freunde[65].

Im Standardwerk zu Enterprise 2.0 von Andrew McAfee spielt Granovetters Theorie der schwachen Bindungen eine zentrale Rolle. Er führt zudem aus, dass weiterführende Studien belegen, dass aufgrund der zuvor beschriebenen Eigenschaften gerade den schwachen Bindungen eine entscheidende Rolle dabei zukommen kann, Kosten für die Suche nach Informationen im Unternehmen zu senken[66].

McAfee stellt das Arbeitsumfeld eines Wissensarbeiters[67] schematisch in Form konzentrischer Kreise dar[68]: Im innersten Kreis befinden sich diejenigen Kollegen[69], mit

---

[64] vgl. [Gran83]
[65] vgl. [Back09], S. 69f
[66] siehe [Hans05]
[67] Der Begriff „Wissensarbeiter" geht auf Peter Drucker zurück und ist sehr geläufig, siehe
      http://www.enzyklopaedie-der-wirtschaftsinformatik.de/wi-enzyklopaedie/lexikon/daten-
      wissen/Wissensmanagement/Wissensorganisation--Instrumente-der-/Wissensarbeiter
[68] siehe [McAf09], S. 88 bzw. S. 126

denen der Wissensarbeiter direkte, enge, aktive Verbindungen unterhält („strong ties"). Im nächstäußeren Kreis befinden sich Kollegen, zu denen er schwache Verbindungen unterhält („weak ties"), zum Beispiel aufgrund vergangener gemeinsamer Projekte. Es folgt ein Kreis mit Kollegen, wo Überschneidungen im Tätigkeitsgebiet bestehen, jedoch hat der Wissensarbeiter diese Kollegen noch nicht kennengelernt („potential ties")[70]. Im äußersten Kreis stellt McAfee schließlich die Personen dar, die dem Wissensarbeiter völlig fremd sind und ihm aller Wahrscheinlichkeit nach auch fremd bleiben werden („no ties").

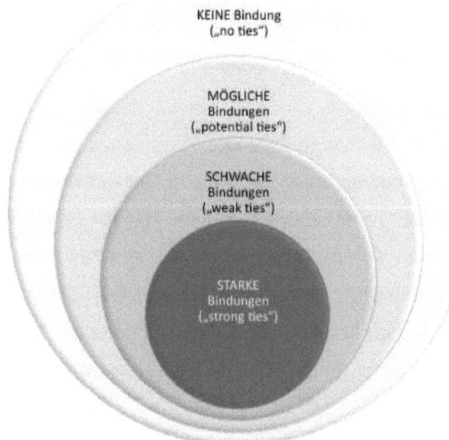

Abb. 1:   Verschiedene Bindungsstärken, konzentrisch angeordnet (Darstellung nach [McAf09])

In diesem Schema lassen sich mögliche Vorteile von Social Software für die Wissensarbeit in Unternehmen hervorragend illustrieren:

- Kollaborationstools wie Wikis dienen dazu, im direkten Umfeld („strong ties") die Zusammenarbeit zu verbessern.

---

[69] Der Begriff „Kollegen" muss für keinen dieser Kreise unbedingt bedeuten, dass die betreffenden Personen tatsächlich beim gleichen Unternehmen in Lohn und Brot stehen; er kann sich beispielsweise genauso gut um Agenturmitarbeiter oder um Bekanntschaften aus früheren beruflichen Stationen handeln, mit denen der Wissensarbeiter nachhaltig in Kontakt steht.
[70] Gerade in großen, globalen Unternehmen ist diese Gruppe vermutlich sehr groß.

- Soziale Netzwerkdienste[71] können dazu dienen, ein Netzwerk professioneller Bindungen („weak ties") zu pflegen und bei vertretbarem Aufwand aktiv zu halten. Bereits damit erweitert sich die Problemlösungskompetenz des Netzwerks erheblich.

- Leistungsstarke Suchfunktionen ermöglichen es, relevante Inhalte auch von bis dato unbekannten Kollegen aufzufinden. Sie können damit „potential ties" in „weak ties" umwandeln und die Problemlösungskompetenz noch ausweiten.

- Weitere Plattformen[72] können sogar Personen nutzbringend vernetzen, die einander völlig fremd bleiben („no ties").

Die Verwendung eines Microblogs zur Projektkommunikation lässt sich in diesem Schema gut einordnen; wir werden darauf zurückkommen.

3.6 „Kanäle" und „Plattformen"

Eine weitere Begrifflichkeit, die McAfee in seinem Standardwerk zu Enterprise 2.0 an zentraler Stelle verwendet, ist die Unterscheidung zwischen „Kanälen" und „Plattformen" zur Kommunikation. Die Definition eines „Kanals" ist dabei, dass niemand außer dem Sender und dem Empfänger die auf dem Kanal übertragenen Informationen einsehen kann; im Normalfall wissen Außenstehende nicht einmal, dass eine Kommunikation überhaupt stattgefunden hat[73]. Eine „Plattform" ist im Gegensatz dazu eine Sammlung digitaler Inhalte, wo jeder Beitrag weithin sichtbar ist und dauerhaft sichtbar bleibt[74]. Wikis und Blogs, aber auch der Microblogging-Dienst Twitter sind hervorragende Beispiele für Plattformen zur Kommunikation.

Am Beispiel eines Microblogging-Dienstes wird besonders deutlich, dass bei der Verwendung von Plattformen zur Kommunikation die Verpflichtung zur Auswahl eines geeigneten Empfängerkreises für eine Nachricht – wie man sie von E-Mail-Systemen her kennt – grundsätzlich entfällt; jede Nachricht ist zunächst öffentlich. Es obliegt stattdessen dem Empfänger, geeignete Filtermechanismen zu wählen, um den Nachrich-

---

[71] wie XING, Facebook oder Plattformen mit entsprechender Funktion im Intranet
[72] wie „prediction markets"; künstliche, spekulative Markplätze, wo einzelne Teilnehmer unabhängig voneinander auf die Eintrittswahrscheinlichkeit bestimmter Ereignisse wetten können und damit – in einer Form kollektiver Intelligenz – relativ gute Prognosen für die tatsächlichen Eintrittswahrscheinlichkeiten liefern, siehe http://en.wikipedia.org/wiki/Prediction_market und http://www.intrade.com
[73] Bestes Beispiel für einen „Kanal" zur Kommunikation ist ein E-Mail-System.
[74] vgl. [McAf09], S. 47f

tenstrom für sich sinnvoll einzugrenzen[75]. Dieses Prinzip nachträglicher Filterung und Selektion mutet zunächst ungewöhnlich an; kein Mensch wäre zum Beispiel in der Lage, sämtliche Nachrichten auf der Twitter-Plattform zu verfolgen[76]. Es ist daher notwendig zu verstehen, dass die Plattform ihren Nutzern immer auch spezielle Mechanismen zur individuellen Einschränkung der Komplexität bietet – wie das „Folgen" bei Twitter – und mit dieser Zielsetzung auch Standards wie RSS unterstützt[77].

So lässt sich zweifelsfrei behaupten, dass Plattformen, im Vergleich zu Kanälen, den offenen Informationsfluss und Wissensaustausch begünstigen.

3.7 CSCW und Groupware

Der Einsatz von Social Software, um im Unternehmen die Koordination, Kooperation und Kollaboration zu unterstützen, ist eng verwandt mit einem vergleichsweise traditionellen Forschungsgebiet: Computer-Supported Cooperative Work (CSCW[78]). Auch CSCW ist interdisziplinär und kümmert sich damit nicht nur um technische bzw. technologische Aspekte, sondern gleichermaßen um psychologische, soziale und organisatorische Aspekte, wie sie beim Einsatz von Social Software im Unternehmen wirken. Damit unterscheiden sich CSCW und Enterprise 2.0 auch vom Forschungsgebiet „Groupware", das sich lediglich mit der Technik der Plattformen zur Gruppenarbeit befasst[79].

Der Unternehmenseinsatz von Social Software und damit Enterprise 2.0 kann also als ein weiteres Anwendungsgebiet der CSCW-Forschung betrachtet werden. Social Software unterstützt jedoch im Gegensatz zu CSCW und Groupware nicht nur die enge Zusammenarbeit in Teams, sondern umfasst durch die Verwendung offener Plattformen auch die Unterstützung und Aktivierung loser Bekanntschaften („weak ties"). Zudem fällt auf, dass Social Software ausschließlich auf die Selbstorganisation der Gruppen setzt („bottom-up" Ansatz), wohingegen bei CSCW und Groupware im Unter-

---

[75] vgl. [McAf09], S. 50
[76] 65 Millionen Nachrichten pro Tag, siehe http://en.wikipedia.org/wiki/Twitter
[77] ein viel zitierter Vortrag von Clay Shirky auf einer „Web 2.0 Expo" Konferenz trug folglich auch den Titel „It's Not Information Overload, It's Filter Failure", siehe http://web2expo.blip.tv/file/1277460/
[78] siehe auch de.wikipedia.org/wiki/Computer_Supported_Cooperative_Work
[79] vgl. [Back09], S. 2

nehmenseinsatz häufig ein hohes Maß an Struktur vorgegeben ist (eher „top-
down")[80].

3.8 Awareness

Aus dem Forschungsgebiet CSCW und den dortigen Studien zum gemeinschaftlichen,
kollaborativen Schreiben von Texten wurde auch der Begriff der „Awareness" gewon-
nen: „Awareness ist ein Verständnis für die Aktivität Anderer, die einen Kontext für
die eigenen Aktivität herstellt. Dieser Kontext kann genutzt werden um sicherzustel-
len, dass individuelle Beiträge relevant für die Aktivität der Gruppe als Ganzes sind,
und um individuelle Handlungen in Bezug auf die Ziele und den Fortschritt der Gruppe
zu beurteilen"[81].

Awareness beschreibt also einen erstrebenswerten Zustand für die Mitglieder einer
Gruppe. Insbesondere beim Management von virtuellen Projektteams besteht im Her-
stellen und Bewahren der Awareness der Teammitglieder eine wesentliche Herausforderung, weil direkte Interaktionsmöglichkeiten fehlen.

3.9 Microblogging-Plattformen als kommerzielle Lösungen

Auch wenn die wissenschaftliche Literatur bisher kaum Hinweise auf mögliche unter-
nehmensinterne Microblogging-Anwendungen liefert, so fällt doch auf, dass auf dem
Markt für Web-Dienstleistungen und Unternehmenssoftware bereits zahlreiche neuartige Lösungsangebote existieren, die geschlossene Microblogging-Plattformen ermöglichen. Hier einige Beispiele:

- Communote[82] der Firma Communardo ist ein Microblogging-Dienst speziell für
  den Unternehmens-Einsatz[83], ebenso wie Yammer[84] oder Blogtronix[85]

- status.net[86] ist eine Open-Source-Plattform, die Organisationen nutzen können,
  um geschlossene Microblogs auch auf eigener Infrastruktur zu betreiben

---

[80] vgl. [Koch09], S. 20
[81] zitiert aus [Dour92]
[82] http://www.communote.com
[83] siehe auch [Koch09], S. 132ff
[84] http://www.yammer.com
[85] http://www.blogtronix.com
[86] http://status.net

- Die Firma Jive Software[87] bietet neben anderen Produkten eine Lösung an, die auch eine Microblogging-Plattform umfasst

Aber auch die Grenzen zu etablierter Unternehmenssoftware verschwimmen. Ein Software-as-a-Service-Anbieter für unternehmensweites Projektmanagement bietet gezielte Unterstützung für die Diskussion und Kollaboration unter dem Schlagwort „social project management"[88]. Im „Office"-Produktportfolio der Firma Microsoft positionieren sich Angebote wie Outlook, SharePoint und Project zunehmend durch Schnittstellen zu Social Software[89]. Und Salesforce.com, Anbieter einer äußerst erfolgreichen Customer-Relationship- und Vertriebssteuerungs-Plattform, bietet sogar einen Microblogging-Zusatzdienst zur unternehmensinternen Nutzung an („Chatter")[90].

4 Microblogging in der Projektkommunikation

Es ist nun so weit, dass wir Ansatzpunkte untersuchen können, um Microblogging in der Projektkommunikation einzusetzen. Da gemäß dem Titel der Arbeit eine „effektive Alternative zu E-Mail" gesucht wird, ist im nächsten Abschnitt zunächst die Frage zu beantworten, wo überhaupt das Problem bei der E-Mail-Kommunikation liegt. Die beiden nachfolgenden Abschnitte widmen sich dann der Betrachtung des Mediums Microblog im Hinblick auf seine Möglichkeiten zur Projektkommunikation.

4.1 Warum nicht E-Mail? – „E-Mail Overload"

Die herausragende Bedeutung von Projekten für heutige Unternehmen haben wir gesehen. Projekte bewegen sich naturgemäß in einem herausfordernden Umfeld: konkrete Ziele, feste Erwartungen an Ergebnisse und deren Qualität, Termindruck, inhaltliches Neuland, anspruchsvolle Wissensarbeit. Diese Einzigartigkeit von Projekten bringt Hürden und Probleme entlang des Wegs zum Projekterfolg mit sich. Effektive Projektteams werden versuchen, sich möglichst konzentriert der Lösung der jeweils

---

[87] http://www.jivesoftware.com
[88] z.B. http://www.projectplace.de/produkte-und-services/Schnellubersicht/
Social-Project-Overview/ sowie http://www.projectplace.de/Uber-Projectplace/
Uber-Projectplace/Social-Project-Management/
[89] z.B. http://www.microsoft.com/germany/presseservice/news/pressemitteilung.mspx?
id=533206
[90] http://www.salesforce.com/chatter/whatischatter/

drängendsten Probleme zu widmen und diese so effektiv wie möglich aus dem Weg zu räumen. Häufig sieht das so aus:

Ein Mitarbeiter, der eine Lösung für ein komplexes Problem sucht, schickt eine E-Mail an möglichst viele Kollegen[91] im Projekt oder im Umfeld des Projektes. Wer etwas zur Lösung oder auch nur zur Eingrenzung des Problems beitragen kann, der antwortet mit einer E-Mail an alle[92]. So kann das Problem häufig gelöst werden; in anderen Fällen wird zumindest eine sachdienliche und wertvolle Diskussion angestoßen[93].

Es gibt jedoch mindestens zwei Probleme mit einer solchen Problemlösung bzw. Diskussionsführung: Erstens erhalten sehr viele Mitarbeiter täglich eine Vielzahl von für sie irrelevanten E-Mails, worauf noch zurückzukommen wäre. Zweitens reagieren einzelne Mitarbeiter auf diese Informationsüberflutung, indem sie nur noch dem ursprünglichen Problemgeber bzw. Fragensteller antworten; das reduziert zwar die Nachrichtenschwemme, aber das Know-How zur Problemlösung steht schließlich nur noch einem stark eingeschränkten Teilnehmerkreis zur Verfügung.

Bei der aus dem beschriebenen Verfahren resultierenden Informationsflut handelt es sich um ein echtes Problem der Praxis, was auch die Forschung zu CSCW erkannt hat. Dort ist von „E-Mail Overload" die Rede, einem Zustand, in dem die E-Mail-Nutzung dauerhaft „außer Kontrolle gerät, weil [der Nutzer] mehr E-Mails empfängt und verschickt als er/sie handhaben, finden oder bearbeiten kann"[94]. Ständige Nachrichtenüberflutung kann sogar ein Grund dafür sein, dass sich Teilnehmer vollständig aus der Kommunikation zurückziehen[95], was in Projektteams natürlich weitere Risiken birgt.

Wäre es also besser, wenn Projektteams weniger über Kanäle wie E-Mail, sondern auf offenen Plattformen kommunizieren würden?

---

[91] Mit zunehmender Größe des Unternehmens bzw. Projektes wird es immer schwieriger, vorab festzulegen, welcher Empfängerkreis adäquat ist, d.h. welche Kollegen zur Lösung beitragen könnten; im Zweifel wird daher oft ein möglichst großer Verteilerkreis gewählt.
[92] Alle gängigen E-Mail-Clients bieten „reply-to-all" Funktionen, so dass dieses Vorgehen offenbar ein sehr intuitiver, naheliegender Weg ist.
[93] vgl. Fallstudie aus [Back09], S. 182f
[94] siehe [Dabb06]; die Teilnehmer der zitierten Studie gaben im Durchschnitt an, pro Tag 41 E-Mails zu empfangen.
[95] vgl. [Jone04]

4.2 Microblogging zur Kommunikation im Projektteam

Dieser Abschnitt greift Ausprägungen der Projektkommunikation auf (vgl. 2.3) und will konkrete Anwendungsmöglichkeiten für eine Microblogging-Plattform zeigen. Zwar bietet oft ein persönliches Gespräch oder eine Besprechung der Gruppe das beste Format, um im Projekt zu kommunizieren. Da diese Kommunikationsform virtuellen Projektteams jedoch verwehrt bleibt, sollte es wenig überraschen, wenn E-Mail heute der dominierende Kanal für die hier angeführten Kommunikations-Beispiele ist.

Wie zuvor erwähnt, steigt bei zunehmender Projektteamgröße der Aufwand für Koordination und Kommunikation überproportional. Diese statische Betrachtung ist über jeden Zweifel erhaben, aber in der Praxis wirkt sich zudem die Dynamik von Projekten erschwerend aus: Die Zusammensetzung eines Teams ändert sich im Projektverlauf, Mitarbeiter kommen hinzu oder scheiden aus, die Rollen wechseln[96]. Kommunikation in Kanälen hat zur Folge, dass jedes einzelne Mitglied der Projektorganisation laufend über derartige Veränderungen informiert bleiben muss, um angemessen über den sinnvollsten Verteilerkreis jeder Nachricht zu entscheiden – ein schwieriges Unterfangen, gerade in Großprojekten. Die Verwendung einer Plattform zum Nachrichtenaustausch entbindet das Projektteam von dieser Last. Ein neu hinzugekommenes Mitglied im Projekt kann sich auf der Plattform selbst in die Kommunikation einklinken. Außerdem kann es sich die Historie der Projektkommunikation gezielt erarbeiten, je nach Aufgabengebiet und Rolle, ohne dass Teamkollegen durch die Einarbeitung in Mitleidenschaft gezogen würden.

Für die tägliche Sachkommunikation im Projekt (Fragen/Themen der Teilnehmer, Priorisierung in der Gruppe, Aufgabenteilung) bietet sich in einem virtuellen Team ebenfalls die Nutzung einer offenen Plattform an. Projektteilnehmer können die für Microblogging charakteristischen Status-Updates nutzen, um sich gegenseitig über ihre Arbeit informiert zu halten[97]. Diese Praxis dient klar erkennbar der Awareness im virtuellen Projektteam und verbessert die Koordination, denn: „Wichtig ist, dass Teammitglieder nie nur den eigenen Aufgabenbereich sehen, sondern immer rechts

---

[96] Diese Dynamik wird noch verstärkt durch den Trend zu zunehmender Spezialisierung und Arbeitsteilung: Projektarbeit untergliedert sich in Phasen, Projektmitarbeiter spezialisieren sich in Rollen, phasen-/abschnittsweise wird ggf. mit unterschiedlichen Outsourcing-Dienstleistern gearbeitet.

[97] In Anlehnung an die „Einstiegsfrage" der ursprünglichen Twitter-Plattform („was machst Du gerade?") müsste das Projekt-Microblog die Teilnehmer fragen: „woran arbeitest Du gerade?"

und links im Auge behalten, was die anderen tun oder brauchen. Das ist die Grundein-
stellung zu effizientem und effektivem Teamwork"[98].

Insbesondere bei auf mehrere Zeitzonen oder Standorte verteilten Teams wird die
klassischerweise synchrone Kommunikation (z.B. tägliche oder wöchentliche Teambe-
sprechungen) teilweise in asynchrone Kommunikationsformen verlagert[99], was bei
Nutzung eines Microblogs wohl viele E-Mails überflüssig machen könnte.

Außerdem könnte das Microblog eine gute Grundlage für Berichte zum Gesamtstatus
des Projekts liefern, also den regelmäßigen Aufwand für die Erstellung von Statusbe-
richten verringern und die Projektleitung für die tatsächlichen Vorgänge im Projekt
sensibilisieren[100].

Bei unerwarteten Abweichungen von Planergebnissen kommt es auf „schwache Signale" an: Wenn die Projektkommunikation auf einer Plattform statt in Kanälen stattfin-
det, werden solche Signale leichter offenkundig. Das Ziel wäre, Eskalationen früher
transparent zu machen und die zur Lösung nötige Kommunikation frühzeitiger einzu-
leiten.

Weiter oben wurde ausgeführt, dass zur Projektkommunikation auch die Auseinandersetzung mit der Neugier des Umfelds gehört. Die Verwendung einer offenen Plattform
lädt jeden Betroffenen dazu ein, sich über das Projekt zu informieren. Neugierige können sich an der Plattform beteiligen, Fragen stellen und Bedenken äußern.

Zusammenfassend scheint es so, als könnte eine Microblogging-Plattform helfen, „E-
Mail Overload" zu bekämpfen und die Awareness in Projektteams zu verbesern[101].

4.3 Microblogging für Problemlösung und Wissensmanagement

Nun betrachten wir die Anforderungen an das Wissensmanagement in Projekten (aus
Abschnitt 2.4). Welches Potenzial könnte sich ergeben, wenn Projektteams im
Microblog auf offener Plattform kommunizieren?

---

[98] zitiert aus [Litk05], S. 450
[99] vgl. [Buhs09], S. 71
[100] Dass formelle Statusberichte der Projektleitung punktuell von der Realität abweichen, mag natürlich
taktische Gründe haben, praktisch sind in großen Projekten aber auch oft Lücken im Informations-
bzw. Kenntnisstand ausschlaggebend
[101] diese Ansicht wird zusätzlich gestützt durch eine Fallstudie in [Koch09], S. 132ff

Beim ersten Schritt, der Entwicklung von Wissen, handelt es sich im Projektverlauf vor allem um Problemlösungskompetenz. Auf die Notwendigkeit von Konversation und Kommunikationsqualität wurde bereits hingewiesen; Probleme, die sich bei der Nutzung von E-Mail ergeben, wurden angesprochen. Ein Microblog wäre eine gute Alternative, um Problemlösungen mit mehreren Beteiligten zu diskutieren. Der zusätzliche Vorteil einer offenen Plattform wäre, dass der Teilnehmerkreis nicht von vornherein eingeschränkt werden müsste. Stattdessen wären Diskussions- oder Lösungsbeiträge aller Projektteilnehmern willkommen. Darüber hinaus kann das Microblog als offene Plattform dazu genutzt werden, auch außerhalb des Projektteams nach Antworten auf eine Fragestellung zu suchen (über „weak ties") oder Nicht-Projektteilnehmer („potential ties") auf ein Problem aufmerksam zu machen[102].

Im zweiten Schritt des Wissensmanagements, der Nutzung von Wissen, unterstützt die Verwendung eines Microblogs zur Projektkommunikation direkt den breiten, abteilungsübergreifenden Zugang zu Wissensquellen, wie erfolgreiche „wissensverarbeitende" Unternehmen ihn bieten sollten (siehe 2.4). Wenn zudem noch leistungsstarke Möglichkeiten bestehen, die Microblogging-Plattform gezielt nach Texten zu durchsuchen, dann erleichtert die offene Kommunikation das Zusammenbringen von Experten, gerade in virtuellen Teams oder weit verzweigten Unternehmen (aus „potential ties" können „weak ties" werden). Wird das Microblog archiviert, so schafft sich das Unternehmen eine wachsende Wissensbasis für künftige Projektteams: Problemlösungen bleiben erhalten, selbst wenn Projekte enden, Teams sich auflösen, oder Mitarbeiter das Unternehmen verlassen.

Sowohl bei der Entwicklung als auch bei der Nutzung von Wissen bietet ein Microblog einem Projektteam bzw. einer Projektorganisation entscheidende Vorteile gegenüber der E-Mail-Kommunikation.

4.4 Zusammenfassung

Microblogging bietet gegenüber E-Mail-Nachrichten zahlreiche Vorteile für Projektteams, und zwar sowohl im Bereich der Projektkommunikation als auch im Bereich des Wissensmanagements. Ausschlaggebend hierfür ist der Charakter des Microblogs als offene Plattform – im Gegensatz zur E-Mail, die in geschlossenen Kommunikati-

---

[102] man spricht vom „broadcast search", siehe hierzu auch [McAf09], S. 136f

onskanälen verläuft. Es scheint angebracht zu sein, E-Mail als Kanal nur noch für wirklich persönliche Nachrichten zu nutzen, wohingegen für Nachrichten mit Informationscharakter, für Diskussionsbeiträge und Ad-Hoc-Information ein Microblog die bessere Plattform bietet[103].

Warum bekommen wir dennoch so viele E-Mails? Warum benutzen nicht alle Projektteams Microblogs? Einige kritische Beobachtungen sind nötig, bevor die Arbeit zu einem Fazit kommen kann.

5 Weiterführende Überlegungen

5.1 Kritik

Um zu einer ausgewogenen Betrachtung der Eignung von Microblogging zur Projektkommunikation zu gelangen, werden in diesem Abschnitt noch einige kritische Überlegungen angestellt.

In populärwissenschaftlicher Literatur und in Feuilletons wird Microblogging häufig kritisiert: Die nur 140 Zeichen langen Nachrichten von Twitter werden gleichgesetzt mit oberflächlicher Kommunikation, die verbreitete gleichzeitige Nutzung mehrerer Medien durch die Nutzer („multitasking"), die das Medium zu fördern scheint, wird interpretiert als Substanz- und Aufmerksamkeitsverlust[104].

So lässt sich zunächst kritisieren, dass ein Microblog die Projektmitarbeiter dazu einladen könnte, ihre Zeit „unproduktiv" zu verbringen[105]. Schwerer scheint allerdings eine andere Überlegung zu wiegen: Vom Taylorismus und Scientific Management vor 100 Jahren bis zu den heutigen Industriestandards im Projektmanagement[106] wurden standardisierte und optimierte Prozesse als übergeordnetes Ziel verfolgt. Bei jeder Verwendung von Social Software stellt sich natürlich die kritische Frage: Kann aus einem undefinierten, ungesteuerten, nicht standardisierten Prozess ein qualitativ hochwertiges Ergebnis entstehen[107]?

---

[103] zu diesem Fazit kommt auch [Koch09], S. 162
[104] Ein Buch zum Thema stammt von Nicholas Carr, „The Shallows", vgl. folgende Besprechung:
       http://www.npr.org/templates/story/story.php?storyId=127988880
[105] vgl. [Koch09], S. 179
[106] siehe [PMI04], aber auch z.B. http://www.ogc.gov.uk, http://www.gpm-ipma.de
[107] vgl. [McAf09], S. 54

Es ist schwierig, wenn nicht unmöglich, für die Einführung einer Social Software eine seriöse Wirtschaftlichkeitsbetrachtung zu erstellen[108]. Ein kaufmännischer „business case" ist allerdings gängige Voraussetzung für unternehmerische Entscheidungen. Mittlere Manager sind oft nicht begeistert von Initiativen hin zum Enterprise 2.0. Durch den Einsatz von Social Software verlieren sie die Kontrolle, wo sie bisher durch Filterung und Selektion relativ effektiv steuern konnten, wie die Arbeit ihrer Organisationsglieder vom Rest des Unternehmens wahrgenommen wird[109].

Global operierende Unternehmen können sich besonderen Herausforderungen gegenübersehen: In welcher Sprache soll die gemeinsame Wissensbasis entstehen? Werden Mitarbeiter entmutigt, wenn sie Beiträge nicht in ihrer Muttersprache verfassen können? Durch Ausschluss und Diskriminierung kann es zu Desintegrationstendenzen kommen[110].

Die Dominanz von E-Mails zur Projektkoordination und Kommunikation wird sich schwer brechen lassen. Anwender neigen erwiesenermaßen dazu, sowohl die Vorteile bekannter, gewohnter Lösungen als auch die Nachteile neuartiger, unbekannter Technologien zu überschätzen. Ein konkurrierendes Verfahren muss deutlich überlegen erscheinen, um überhaupt eine faire Chance zu bekommen, akzeptiert zu werden[111].

Eine weitere Kritik verdient das Thema Datenschutz und Privatsphäre. Viele Menschen möchten nicht, dass ihre Online-Aktivitäten überwacht oder analysiert werden, auch wenn dies mit den besten Absichten geschehen sollte[112]. Dass hier ein Nerv getroffen wird, zeigen aktuelle Diskussionen um Google Street View oder Facebook[113]. Wenn sich die Projektmitarbeiter im Microblog überwacht fühlen, könnten sie ihre projektbezogenen Beiträge schönfärben oder ganz auf die Nutzung der Plattform verzichten.

Eine Fallstudie[114] beschreibt die mit Social Software einhergehende Abwendung vom „need-to-know"[115] Prinzip beim Umgang mit vertraulichen Informationen zugunsten

---

[108] „Measure Progress, not ROI", siehe [McAf09], S. 185ff
[109] vgl. [Buhs08], S. 2
[110] vgl. [Koch09], S. 183f
[111] vgl. [McAf09], S. 167ff
[112] vgl. [McAf09], S. 91
[113] heise online vom 8.2.2011: „Safer Internet Day – es fehlen Ideen und Konzepte";
http://www.heise.de/newsticker/meldung/Safer-Internet-Day-Es-fehlen-Ideen-und-Konzepte-1185601.html
[114] Fallstudie zur internen Informationspolitik der verschiedenen US-Geheimdienste nach den Anschlägen vom 11. September 2011; siehe [McAf09], S. 29ff

des Prinzips „responsibility-to-provide"[116]. Gegenwärtig könnten die Angst vor Industriespionage[117] und Enthüllungsplattformen wie WikiLeaks[118] dazu zu führen, dass Unternehmen ihre interne Kommunikation eher wieder restriktiver gestalten. Es bleibt
abzuwarten, ob dies für die Akzeptanz von Social Software und Microblogs einen Hin-
derungsgrund darstellen wird.

Und auch eine technische Kritik lässt sich anbringen: E-Mail-Kommunikation funktio-
niert ohne administrativen Aufwand und mit seltenen Einschränkungen auch über Sys-
tem- und Unternehmensgrenzen hinweg. Sobald eine Microblogging-Platform in einem
Projekt zwischen verschiedenen Auftragnehmern und Auftraggebern genutzt werden
soll, zum Beispiel bei einem teilweisen Outsourcing, sind Zugangskontrollen bzw.
Schutzmechanismen erforderlich, wodurch Aufwände entstehen.

5.2 Ausblick

Schließlich werden hier noch einige Überlegungen angestellt, die Ansätze für weitere
Forschungen zum Unternehmenseinsatz von Microblogging bieten können.

Beim Zugriff auf ein Unternehmens-Microblog von unterwegs, zum Beispiel mittels
Smartphones, könnten ortsbezogene Dienste eingesetzt werden, um die Awareness
noch weiter zu fördern[119]. Projektteilnehmer könnten einander ihre Aufenthaltsorte
anzeigen und sich damit implizit zum Beispiel über Verspätungen auf dem Weg zu Be-
sprechungen informieren. Öffentliche Anzeigeflächen für ausgewählte aktuelle Inhalte
der Microblogging-Plattform könnten in verteilten Projektteams zusätzlich zur
Awareness beitragen[120].

Im Unternehmen bestehende Systeme zum Projektmanagement, zur Koordination
oder zur Projektkommunikation (z.B. Microsoft Project, SharePoint, Defect-Tracking-
Plattformen, Blogs) könnten über APIs an das Microblog angeschlossen werden. Bei

---

[115] restriktiver Umgang mit Informationen, Zugang nur bei nachgewiesenem Bedarf,
siehe http://rf-web.tamu.edu/security/security%20guide/S2unclas/Need.htm
[116] Bringschuld desjenigen, der eine Information besitzt, sie sinnvoll zu verteilen,
siehe http://www.dni.gov/electronic_reading_room/ICD_501.pdf
[117] siehe z.B. „Industriespionage: Hacker attackierten westliche Ölkonzerne", 10.2.2011;
http://www.focus.de/finanzen/news/industriespionage-chinesische-hacker-attackierten-westliche-
oelkonzerne_aid_598811.html
[118] siehe z.B. „Wikileaks: Geplante Veröffentlichung über Banken", 10.2.2011;
http://www.sueddeutsche.de/geld/wikileaks-geplante-veroeffentlichung-ueber-banken-wie-brisant-
1.1058080
[119] siehe auch [Koch09], S. 213ff
[120] siehe auch [Buze10]

relevanten Aktivitäten der Projektteilnehmer (z.B. Fortschritte bei der Aufgabenbe-
arbeitung, neue Versionen bei Dokumenten, behobene Defekte, neue Blog-Einträge)
könnten automatische Updates im Microblog generiert werden. Solche Systeme informieren ihre Nutzer heutzutage überwiegend in E-Mails über derartige Ereignisse, so
dass ein Microblog hier einen weiteren Beitrag zur Vermeidung von „E-Mail Overload"
leisten könnte[121].

Analysen der Beiträge im Microblog über längere Zeiträume könnten genutzt werden,
um Experten für bestimmte Themen zu identifizieren und damit einen Beitrag zur Wis-
sensaktivierung leisten. Personen, die sich unter Verwendung bestimmter Schlagworte
äußern, könnten geeignete Ansprechpartner sein, wenn Kompetenz zum jeweiligen
Thema gesucht wird. Solche Automatismen könnten Wissensarbeiter z.B. davon ent-
binden, Kompetenzprofile im Intranet bereitzustellen und laufend aktuell zu halten –
Mehraufwand, an dem viele Wissensmanagement-Plattformen scheitern.

5.3 Fazit

Social Software und insbesondere Microblogs bieten beträchtliche Alternativen zur E-
Mail-Kommunikation in Projekten. Ihre Vorteile beschränken sich nicht auf interne
Projektkommunikation, sondern begünstigen durch die Offenheit der verwendeten
Plattform auch Teambildung und Awareness sowie verwandte Disziplinen wie die Prob-
lemlösung und das Wissensmanagement.

Allerdings finden sich in Theorie und Praxis erst wenige Belege für diese These, und
gegen den Einsatz in Unternehmen können gewichtige Gründe angeführt werden, z.B.
in Bezug auf die betriebliche Informationspolitik und den Datenschutz. Es wird äußerst
spannend zu beobachten sein, welche weiteren Erkenntnisse Forschung und Projekt-
praxis der nächsten Jahre liefern werden. Auch die Ergebnisse von Güterabwägungen
– beispielsweise zwischen umfassender Informationsfreiheit und individueller Privatsphäre, in der Gesellschaft wie auch in der Privatwirtschaft – werden sicherlich zur
Entscheidung beitragen, ob die bereits heute verfügbare Technologie ihre flächende-
ckende Anwendung tatsächlich finden wird.

---

[121] Diese Idee stützt sich auf Überlegungen, die in einer Arbeitsgruppe der TU Chemnitz entstanden sind
(„ubiquitous microblogging"), siehe http://ubimic.org

6 Quellen- und Literaturverzeichnis

Agil01   „Agile Manifesto", agilemanifesto.org

Back08   Back, Andrea; Gronau, Norbert; Tochtermann, Klaus; „Web 2.0 in der
           Unternehmenspraxis – Grundlagen, Fallstudien und Trends zum Einsatz von Social
           Software"; Oldenbourg 2008

Bern03   Bernecker, Michael; Eckrich, Klaus (Hrsg.); „Handbuch Projektmanagement";
           Oldenbourg, 2003

Buhs08   Buhse, Willms; Stamer, Sören (Hrsg.); „Die Kunst, loszulassen – Enterprise 2.0";
           Rhombos, 2008

Buze10   Buzeck, Markus; Müller, Jörg; „TwitterSigns: microblogging on the walls"; MM
           2010, Proceedings of the international conference on Multimedia, 2010

Burg97   Burghardt, Manfred; „Projektmanagement – Leitfaden für die Planung,
           Überwachung und Steuerung von Entwicklungsprojekten"; Publicis MCD, 4.
           Auflage, 1997

Dabb06   Dabbish, Laura A.; Kraut, Robert E.; „ Email Overload at Work: An Analysis of
           Factors Associated with Email Strain"; in „Proceedings of the 20th anniversary
           conference on Computer supported cooperative work (CSCW '06)", 2006

Dour92   Dourish, Paul; Bellotti, Victoria; „Awareness and Coordination in Shared
           Workspaces"; http://www.dourish.com/publications/1992/cscw92-awareness.pdf

Fers08   Ferstl, Otto K.; Sinz, Elmar J.; „Grundlagen der Wirtschaftsinformatik"; 6. Auflage,
           Oldenbourg, 2008

Gran83   Granovetter, Mark; „The Strength of Weak Ties: A Network Theory Revisited"; in
           „Sociological Theory", Volume 1, 1983;
           http://citeseerx.ist.psu.edu/viewdoc/download?
           doi=10.1.1.128.7760&rep=rep1&type=pdf

Hahn06   Hahn, Dietger; Taylor, Bernard (Hrsg.); „Strategische Unternehmensplanung –
           Strategische Unternehmensführung"; Springer, 9. Auflage, 2006

Hans05   Hansen, Morten T.; Mors, Marie Louise; Løvås, Bjørn; „Knowledge Sharing in
           Organizations: Multiple Networks, Multiple Phases"; in „Academy of Management
           Journal", 2005, Vol. 48, No. 5; http://faculty.london.edu/lmors/assets/documents/
           Hansen_Mors_Lovas_05.pdf

Java07   Java, Akshay; Song, Xiaodan; Finin, Tim; Tseng, Belle; „Why We Twitter:
          understanding microblogging usage and communities"; in „Proceedings of the 9th
          WebKDD and 1st SNA-KDD 2007 workshop on Web mining and social network
          analysis, 2007

Jone04   Jones, Quentin; Ravid, Gilad; Rafaeli, Sheizaf; „Information Overload and the
          Message Dynamics of Online Interaction Spaces: A Theoretical Model and
          Empirical Exploration"; in „Information Systems Research", Vol 15 No 2, June
          2004; http://sheizaf.rafaeli.net/publications/
          JonesRavidRafaeliInformationOverloadISR.pdf

Kess04   Kessler, Heinrich; Winkelhofer, Georg; „Projektmanagement – Leitfaden zur
          Steuerung und Führung von Projekten"; Springer, 4. Auflage, 2004

Klug01   Kluge, Jürgen; Stein, Wolfram; Licht, Thomas; „Knowledge Unplugged – The
          McKinsey & Company global survey on knowledge management"; Palgrave, 2001

Koch08   Koch, Michael; Richter, Alexander; „Enterprise 2.0 – Planung, Einführung und
          erfolgreicher Einsatz von Social Software in Unternehmen", 2. Auflage,
          Oldenbourg Verlag, 2009

Lang07   Lange, Dietmar (Hrsg.); „Projektmanagement ohne Grenzen"; Dokumentation des
          24. Internationalen Deutschen PM-Forum 2007; GPM, Nürnberg, 2007

Litk05   Litke, Hans-Dieter (Hrsg.); „Projektmanagement – Handbuch für die Praxis –
          Konzepte, Instrumente, Umsetzung"; Hanser, 2005

McAf09   McAfee, Andrew; „Enterprise 2.0 – New collaborative tools for your organization's
          toughest challenges"; Harvard Business Press, 2009

Naon08   Naone, Erica; „A Brief History Of Microblogging"; in „Technology Review",
          September/Oktober 2008;
          https://www.technologyreview.com/files/18810/forward.pdf

ORei05   O'Reilly, Tim; „What is Web 2.0"; http://oreilly.com/web2/archive/what-is-web-
          20.html

Page04   Page, Lawrence; „Method for scoring documents in a linked database"; Patent Nr.
          US6799176; abrufbar beim European Patent Office über
          http://v3.espacenet.com/publicationDetails/biblio?CC=US&
          NR=6799176B1&KC=B1&FT=D&date=20040928

PMI04   Project Management Institute, Inc.; „A Guide to the Project Management Body of
          Knowledge"; ANSI/PMI 99-001-2004; PMI, Third Edition, 2004

Scho05   Schott, Eric; Campana, Christophe; „Strategisches Projektmanagement";
          Springer, 2005

Weil04   Weill, Peter; Ross, Jeanne W.; „IT Governance – How Top Performers Manage IT Decisions Right for Superior Results"; Harvard Business School Press, Boston, 2004

Sämtliche Online-Quellen, auch die in den Anmerkungen zu den einzelnen Kapiteln zitierten, wurden im Zeitraum vom 25.02.2011 bis 2.03.2011 abgerufen.